全国职业院校智能网联汽车新形态工作手册式教材
全国技工院校智能网联汽车工学一体化教材

汽车智能座舱装调与检修
习题册

主　编　陈伟儒

中国劳动社会保障出版社

简介

本书是全国职业院校智能网联汽车新形态工作手册式教材 / 全国技工院校智能网联汽车工学一体化教材《汽车智能座舱装调与检修》的配套用书。习题册内容紧扣教材的教学要求，注重基础知识的巩固和基本能力的培养，知识点分布均衡，题型丰富，难易适当，有助于学生复习巩固所学知识。

本书由陈伟儒任主编，陈国荣、冯月崧参与编写。

图书在版编目（CIP）数据

汽车智能座舱装调与检修习题册 / 陈伟儒主编 . -- 北京：中国劳动社会保障出版社，2024

全国职业院校智能网联汽车新形态工作手册式教材　全国技工院校智能网联汽车工学一体化教材

ISBN 978-7-5167-6428-2

Ⅰ. ①汽…　Ⅱ. ①陈…　Ⅲ. ①汽车－智能控制－座舱－职业教育－习题集　Ⅳ. ①U463.83-44

中国国家版本馆 CIP 数据核字（2024）第 065106 号

中国劳动社会保障出版社出版发行

（北京市惠新东街 1 号　邮政编码：100029）

*

保定市中画美凯印刷有限公司印刷装订　　新华书店经销

787 毫米 ×1092 毫米　16 开本　4.5 印张　68 千字

2024 年 4 月第 1 版　　2024 年 4 月第 1 次印刷

定价：12. 00 元

营销中心电话：400-606-6496

出版社网址：http://www.class.com.cn

http://jg.class.com.cn

Contents 目录

情境一　智能座舱数字仪表和影像系统装调与检修……1

任务一　智能座舱系统运行检查……1
任务二　抬头显示系统与数字仪表检修……3
任务三　中控仪表装调与检修……7
任务四　流媒体后视镜系统与后视摄像头检修……9
任务五　智能座舱影像系统标定与检修……13

情境二　智能信息娱乐和舒适系统装调与检修……16

任务六　信息娱乐控制系统检修……16
任务七　智能座椅装调与检修……18
任务八　智能空调系统检修……22
任务九　车内灯光系统检查与部件更换……26
任务十　智能座舱音响系统检修……28

情境三　智能座舱车载网络装调与检修……32

任务十一　智能座舱总线系统检查……32
任务十二　智能座舱无线网络设置与检修……34
任务十三　车载定位导航系统检修……37

情境四　智能座舱人机交互系统装调与检修……40

任务十四　驾驶员监控系统装调与测试……40
任务十五　智能语音控制系统检修……45
任务十六　手势识别控制系统检查与调试……48

综合试卷（一）……53
综合试卷（二）……60

情境一
智能座舱数字仪表和影像系统装调与检修

任务一　智能座舱系统运行检查

一、填空题

1. 智能座舱是汽车传统驾驶舱综合运用____________、汽车电子、______________、__________、信息融合、电子屏幕显示等先进技术升级后的智能化汽车驾乘空间。

2. 智慧座舱主要由______________、__________________、________________、_______________、________________和辅助电气系统六大系统组成。

3. 智能汽车交互方式的革新，带来的是全新的用户体验场景，从原先的传统座舱体验延展到智能座舱体验，包括__________、______________、____________________、__________及__________等。

4. 智能座舱的技术发展趋势主要体现在____________________、________________________________和______________________等新兴技术应用方面。

二、选择题

1. 智能座舱是汽车驾驶舱内饰和汽车电子技术的融合创新，具备从驾乘应用场景出发的（　　）系统。

A. 人机交互　　B. 先进驾驶辅助　　C. 盲区监测　　D. 抬头显示

2. 第三生活空间属于智能座舱技术发展的第（　　）阶段。

A. 一　　B. 二　　C. 三　　D. 四

3. 智能座舱的技术架构主要有硬件层、软件层、(　　)和支撑层四个部分。

A. 下层　　B. 连接层

C. 服务层　　D. 顶层

4. 智能座舱的设计更多应通过全方位挖掘并分析用户在不同使用场景下的真实需求，找到交互方式、功能体验上的创新技术及方法，在最大程度上提升用户在真实场景中的体验感，为用户提供“(　　)”的完整价值体验。

A. 人－车－手机　　B. 人－车－互联网

C. 人－手机－生态系统　　D. 人－车－生态系统

5. 完善的多模态人机交互体系可以在语音交互的同时配合（　　）进行视觉追踪，方便快速地捕捉到驾驶员的目标，从而提升交互的准确性和便捷性。

A. 麦克风　　B. 眼动仪

C. 摄像机　　D. 全向收音器

三、判断题

1. 车载信息与娱乐系统将收音机与车载 CD 机集成为一套多功能音乐播放器，属于智能座舱技术发展历程的第二阶段。（　　）

2. 智能座舱技术架构中的硬件层包含摄像头、麦克风阵列、内嵌式存储器（EMMC）和内存（DDR）等。（　　）

3. 智能座舱技术架构的软件层有系统软件和功能软件两大类，系统软件主要有操作驾驶域系统驱动（Linux SP1）与座舱域系统驱动（Android SP1）；功能软件包括与智能驾驶共用部分的感知软件、智能座舱自身域的感知软件等。（　　）

4. 人脸识别、自动语音识别、数据服务、场景网关、账号鉴权等属于智能座舱技术架构中的软件层服务。（　　）

5. 增强现实抬头显示技术可以更加直观地为用户提供车道偏离预警、碰撞警告、周边信息提示等功能。（　　）

四、简答题

1. 简述智能座舱技术的发展历程。

2. 简述典型智能座舱系统的配置。

任务二　抬头显示系统与数字仪表检修

一、填空题

1. 汽车抬头显示系统主要有______________________、______________________和______________________三种类型。

2. 汽车抬头显示系统主要由____________和____________两大部分构成。

3. 汽车前风窗玻璃是________，在驾驶员眼前投射一个实时的图像，图像本身来自下方的主机，从成像屏幕正面看，成像屏幕上的图像通过第一个镜子（________）反射到第二个更大的镜子（______________）上，再射向前风窗玻璃，由此形成视域较大的增强投影面。

4. 数字组合仪表简称数字仪表，是传统汽车组合仪表应用____________、______________和______________更新换代的车辆仪表部件。

5. 数字组合仪表的电路主要包括__________、____________和____________以及____________。

6. 数字组合仪表的故障类型一般可分为__________和__________两大类。

二、选择题

1. （　　）在汽车仪表上方、仪表板顶部加装一个半透明树脂板，将该树脂板作为投影介质反射出虚像。

A. C–HUD　　B. W–HUD　　C. AR–HUD　　D. D–HUD

2. （　　）具有基于曲面反射镜、全息光学元件（HOE）和全息光波导（waveguide）放大成像等不同技术路线。

A. C–HUD　　B. W–HUD　　C. AR–HUD　　D. D–HUD

3. （　　）需要通过智能驾驶的传感器（摄像头、雷达等）对前方的路况进行解析建模，以得到对象的位置、距离、大小等要素，再把 HUD 显示的信息精准地投影到对应的位置。

A. C–HUD　　B. W–HUD　　C. AR–HUD　　D. D–HUD

4. （　　）是 HUD 最核心的部件，其成本占 HUD 总成本的 50% 左右，其作用是生成 HUD 输出图像，由光源、光学膜片和其他光学组件构成。

A. 反射镜　　B. 风窗玻璃

C. 车辆 ECU　　D. 图像生成单元

5. （　　）使用具有较高功率的红、绿、蓝（三基色）单色激光器为光源，激光经相应光学元件和处理芯片的整合与扫描后投射在显示屏上。

A. DLP　　B. TFT–LCD　　C. MEMS　　D. OLED

6. （　　）指示灯点亮表示下坡辅助控制系统开启。

A. ESP OFF　　B. HDC　　C. AVH　　D. TMPS

7. （　　）指示灯点亮表示车辆稳定性辅助系统关闭。

A. ESP OFF　　B. HDC　　C. AVH　　D. TMPS

8.（　　）指示灯点亮表示车辆成功启动。

A. EPB　　B. READY　　C. AVH　　D. TMPS

三、判断题

1. AR-HUD 和 C-HUD 一样使用前风窗玻璃作为成像介质来反射成像。（　　）

2. MEMS 方案的优势为低能耗、高亮度、大视场和高对比度。（　　）

3. 数字组合仪表能够集成 HUD 和驾驶员监控等新功能，并且允许在使用相同的仪表硬件系统时，在软件上对各种车型进行区别设置。（　　）

4. 定速巡航指示灯黄色点亮表示自适应巡航有故障。（　　）

5. 辅助驾驶状态指示灯蓝色点亮表示辅助驾驶系统正处于准备状态。（　　）

6. 由于微处理器的引入，使数字组合仪表的功能大大增强，同时也给故障诊断和故障排除降低了难度。（　　）

7. 数字组合仪表的中断错误是指 CPU 不响应任何中断或不响应某一个中断，这种错误现象是数字组合仪表连续运行时不执行中断服务程序的规定操作。（　　）

四、简答题

1. 简述抬头显示系统的更换方法。

2. 简述下图所示典型数字仪表界面中各指示灯的名称和含义。

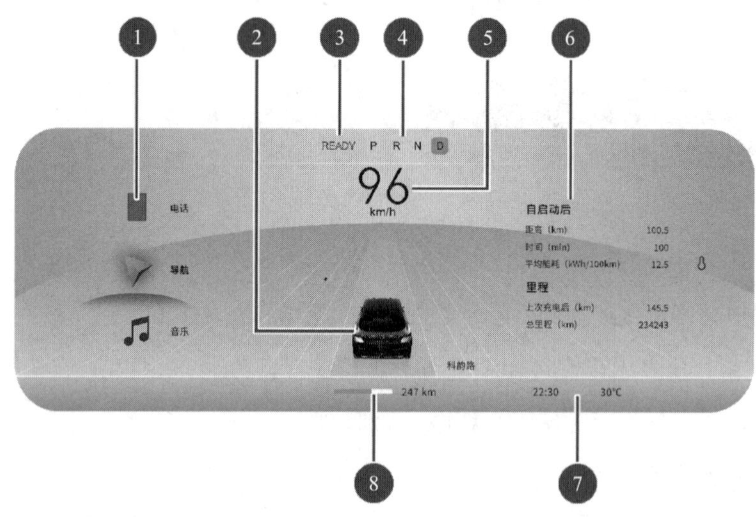

典型数字仪表界面

任务三　中控仪表装调与检修

一、填空题

1. 中控仪表是智能座舱的核心组成部分，起着__________与__________两大重要作用，是人车信息交换的主要载体以及人机交互的核心部件。

2. 中控仪表的技术发展历程包括______________、________________和______________三个阶段。

3. 中控仪表显示屏主要由__________和______________组成。

4. 在中控仪表的常见故障中，画面无显示故障的可能原因有：________________、________和________________。

二、选择题

1. 第一代仪表盘为（　　）仪表盘，其显示的信息极为有限，更多的是发挥车辆物理信息“通信员”的角色。

A. LED　　　　B. 电气式

C. 机械式　　　　D. 全数字化

2.【多选题】中控仪表闪屏故障的可能原因有（　　）。

A. 低压差分信号（LVDS）线接触不良

B. 主机信号源异常

C. 液晶屏单品不良

D. 电压异常

3. 车身 CAN2 的英文名称为（ ）。

A. PT-CAN　B. T-BOX　C. AR-HUD　D. BD1- CAN

4. 若中控仪表的故障原因为软件初始化异常，则其检测方法为（ ）。

A. 确认电压是否正常

B. 在主机关机后重新启动

C. 耐心等待，等到机内温度回升后会自动恢复正常

D. 重新连接或更换线束

5. 目前，（ ）仪表盘在市场中的保有量最大。

A. LED　B. 机械式　C. 电气式　D. 全数字化

三、判断题

1. 机械式仪表盘以实体按键为主，功能简单，没有交互性。（ ）

2. 拆卸智能车载主机，测量智能车载主机线束连接器供电端子的电压时，电压标准值应为 11.5 ~ 13.5 V。（ ）

3. 测量智能车载主机线束连接器接地端子与接地点之间的电阻，电阻标准值应小于 1 Ω。（ ）

4. 当中控仪表出现闪屏故障时，需检查排线连接情况，若连接正常，则应更换新液晶屏。（ ）

5. 当中控仪表出现低温开机时画面偏暗，且持续一段时间的故障时，其检测方法为在主机关机后重新启动。（ ）

四、简答题

1. 简述中控仪表（智能车载主机）无法开机的故障诊断方法。

2. 简述中控仪表触摸失效的可能故障原因及故障诊断方法。

任务四　流媒体后视镜系统与后视摄像头检修

一、填空题

1. ______________通常是指汽车的智能后视镜，其具有独立的操作系统和独立的运行空间，可以由用户自行安装软件、导航等第三方服务商提供的程序，并可以通过 Wi-Fi 或者移动通信网络实现无线网络的接入。

2. 流媒体后视镜利用内置的摄像头或加装的摄像头，将行车途中________、________影像录制下来，并自动保存在流媒体后视镜的________中。

3. 流媒体后视镜在加装倒车摄像头后，________时就能显示车后的影像。

4. 流媒体后视镜利用________、__________或________获取到汽车的准确位置后，在经授权的智能手机或者平板电脑上连接网络可用的专门的应用软件，就能查找到汽车的位置。

5. 在夜间行驶时，对面车辆的灯光经常会使驾驶员产生________，在一定程度上会影响行车视野。而后面车辆的灯光也会影响驾驶员的正常驾驶（因为它会被后视镜反射），所以流媒体后视镜应具有________的功能。

二、选择题

1. 流媒体后视镜操作系统中的导航软件一般内置（　　），部分流媒体后视镜带有雷达探测头，可实时监测移动速度并发出警报声，以避免汽车超速，确保随时安全驾驶。

A. 激光雷达　　　　B. 固定电子测速提醒

C. 视觉识别　　　　D. 语音识别

2. 基于（　　）的支撑，流媒体后视镜中的操作系统能够准确解析用户语音指令并做出响应，实现人车智能语音对话，能够识别“拨打电话”“打开应用”“播放音乐”“语音聊天”等语音信息。

A. 大数据　　　　B. 语义识别

C. 网络语音命令库　　　　D. 机器预测

3. 后视摄像头是通过镜头汇聚光线到（　　），图像传感器通过光电转换产生电信号，再通过采样系统生成数字信号后，将其发送到流媒体后视镜。

A. 图像传感器表面　　　　B. 镜头

C. 存储芯片　　　　D. 只读存储器（ROM）

4. 流媒体后视镜系统的蓄电池电压标准值为（　　）V，如有异常，应检修充电系统。

A. 1 ~ 5　　　　B. 6 ~ 10

C. 11.4 ~ 13.5　　　　D. 14.5 ~ 20

5. 后视摄像头在室内标定时，应确保光照度为（　　）lx。

A. ≤200　　B. 200 ~ 500　　C. 200 ~ 1 000　　D. ≥1 000

三、判断题

1. 后视摄像头一般安装于车尾高位制动灯旁边，用于将车辆后方的画面实时传递给车内的流媒体后视镜。（　　）

2. 因为流媒体后视镜的图像完全是通过外置摄像头拍摄的，所以图像中不会出现车内后排以及头枕等无关物体，呈现的完全是后方的实时路况，视角更为广泛。（　　）

3. 后视摄像头的标定场地推荐选在室外，标定场地中应无其他障碍物。（　　）

4. 标定板的颜色为白色色号 N9.5，黑色色号 N1.5。（　　）

5. 标定板需固定在便于移动的支架上。支架应能长期使用，不易变形，并且耐腐蚀；标定板的完整图案（黑白格子部分）不会被遮盖；标定板平面垂直于地面；标定板相对于支架位置不变；标定板不发生晃动。（　　）

四、简答题

1. 简述后视摄像头的标定条件。

2. 简述后视摄像头标定的作业流程。

任务五 智能座舱影像系统标定与检修

一、填空题

1. 全景环视影像系统是一种汽车摄像系统，可提供多种视图，如__________、__________和________，在手动或自动停车时为驾驶员提供帮助。

2. 全景环视影像系统为驾驶员提供了汽车的外部视野，以协助驾驶员停车，并提醒驾驶员注意其路径中可能不会被立即看到的______，以帮助驾驶员从容地操控车辆泊车入位或通过复杂路面，可以有效减少________、_________、_________等事故的发生。

3. 除了视觉呈现之外，自动障碍物检测会提高驾驶的安全性，因为它能向驾驶员发出________。如车辆距离障碍物________，汽车也可在停车时自动制动。

4. 全景环视影像系统仅作为辅助泊车及行车使用，驾驶员仅靠该系统泊车或者行车是________。

5. 安装影像记录系统后，该系统能够记录汽车行驶全过程的________和_____，可为交通事故提供依据，还可以用它来记录驾驶中的精彩瞬间。

6. ______________类似于应用于飞机上的“黑匣子”，是通过数字视频记录并循环更新车前、车内、周围的路面情况的。

二、选择题

1. 全景环视影像系统根据既定程序对图像进行（　　）处理。

A. 拼接　　B. 重叠　　C. 修正畸变　　D. 消除红眼

2. 汽车内部控制面板上的显示屏会显示全景视图，该视图通常由安装在汽车前后及后视镜中的（　　）个广角摄像头组成。

A. 1　　B. 2　　C. 3　　D. 4

3. 下列选项中，（　　）不是全景摄像头的安装位置。

A. 前格栅　　B. 车顶

C. 车外后视镜　　D. 后牌照板上方

4. 影像记录系统既要录制关键视频，又要保证关键视频能被保存而不被循环覆盖，为了解决该问题，影像记录系统应用了（　　）系统。

A. 备份　　B. 隔离

C. 循环录制　　D. 重力感应

5. 多媒体收音机导航（MRN）显示屏为智能行车记录仪（IDVR）提供（　　）操作和显示功能。

A. 手势　　B. 触控　　C. 图形　　D. 人机对话

三、判断题

1. 全景影像界面所显示的物体距离与主观感觉上无差异，尤其是当物体靠近车辆时，驾驶员需根据多种途径判断车辆与物体的距离。（　　）

2. 当车外后视镜没有展开到位时，可以使用全景环视影像系统，并确保在使用全景环视影像系统操作车辆时，所有车门都关闭到位。（　　）

3. 用高压水枪冲洗车身时，要尽量避免直接冲洗摄像头，以免影响摄像头的使用性能。（　　）

4. 智能影像记录系统的电脑内部有警告功能模块、记忆功能模块、视频 D/A 转换功能模块、切换功能模块等，每一模块均具有专用处理芯片。（　　）

5. 车辆启动后，若多媒体系统还未完全启动，此时操作全景影像启动按键或挂倒挡，全景影像显示界面输出会延时或出现“画面闪屏”，此为摄像头启动时的不正常现象。（　　）

四、简答题

1. 简述全景环视影像系统的工作原理。

2. 简述车外摄像头的拆装方法。

情境二
智能信息娱乐和舒适系统装调与检修

任务六　信息娱乐控制系统检修

一、填空题

1. 车载信息娱乐是采用车载专用__________，基于车身__________和____________形成的车载综合信息处理系统。

2. 车载信息娱乐系统的人机交互形式有___________、____________、____________，其人机交互媒介包括中控屏幕（显示、触控）、仪表显示、语音和转向盘等。

3. 导航系统的基本功能有___________和__________等。

4. 多媒体播放功能包括__________、____________、____________、在线音乐和在线视频等多媒体资源的应用。

5. ADAS 等辅助驾驶功能有__________和__________等。

二、选择题

1. 信息娱乐控制系统无声音的最可能原因是（　　）。

A. 功放损坏　　B. 视频传输线断裂

C. 视频信号采集源故障　　D. 相关视频主控单元故障

2. 当信息娱乐控制系统显示屏黑屏时，用诊断仪检查时提示信息娱乐控制系统相关控制单元无法诊断，对此类故障应通过（　　）来检查。

A. TV 电视调谐器　　B. 光纤断环诊断测试计划

C. 中控控制单元　　D. 更换视频信号采集源

3.【多选题】主流的车载系统有（　　）系统等。

A. WinCE 操作　　B. QNX

C. Linux　　D. Android

E. 华为鸿蒙　　F. 阿里

4.【多选题】功放位于车辆的（　　）。

A. 行李舱左侧　　B. 行李舱右侧

C. 前座下方　　D. 后座下方

5.【多选题】当信息娱乐控制系统无相关视频显示时，下列选项中最有可能解决问题的是（　　）。

A. 检查功放是否损坏

B. 更换视频传输线

C. 检查视频信号采集源是否正常工作

D. 使用诊断仪检查相关视频主控单元是否有故障

三、判断题

1. 智能信息娱乐与舒适系统是智能座舱系统的重要组成部分。（　　）
2. 先进的导航系统需要整合实时交通信息、个人兴趣点以及常用位置等。（　　）
3. WinCE 操作系统的应用越来越匮乏，逐渐退出了车载系统的舞台。（　　）
4. 信息娱乐系统可以将手机屏幕直接映射到车机屏幕上，并实现双向控制。（　　）
5. 在对信息娱乐控制器进行拆解换件的过程中，车辆不能启动。（　　）
6. TV 电视调谐器发生故障会导致系统无相关视频显示。（　　）
7. 信息娱乐控制系统采用的是 MOST 光纤环路通信。（　　）
8. 信息娱乐系统可以通过微信、抖音等第三方车载 App 实现车内社交。（　　）
9. Linux 系统广泛应用于车载系统。（　　）
10. QNX 系统采用模块化和可扩展的架构构建，应用较为广泛。（　　）

四、简答题

1. 简述信息娱乐系统的主要功能。

2. 简述信息娱乐系统中的车身信息显示和控制功能。

3. 简述信息娱乐控制系统无相关视频显示故障的排除方法。

任务七　智能座椅装调与检修

一、填空题

1. 汽车内部空间区域主要可分为________________和________________。

2. 智能座椅可以支持更多的座椅姿态调节，除了____________、____________、__________等常规调节外，还支持__________、__________、__________、__________等

方向的调节来实现舒适的坐姿。

3. 智能座椅同时支持__________、__________、__________、__________和__________等功能。

二、选择题

1. 当座椅系统的操纵系统不工作或发出噪声时，应先检查（　　）。

A. 开关与车身搭铁情况　　B. 电动机

C. 继电器　　D. 座椅变速器

2. 当座椅电动机运转但座椅不能移动时，可能的原因是（　　）。

A. 电动机故障

B. 变速器故障

C. 电动机和变速器之间的橡胶联轴节磨损或损坏

D. 继电器故障

3. 如果座椅继电器有接合响声但电动机不工作，应检查（　　）。

A. 电动机与继电器之间的线路　　B. 电动机搭铁情况

C. 电控单元是否有故障　　D. 座椅变速器

4. 下列选项中，关于座椅系统的故障现象及排除流程的说法中错误的是（　　）。

A. 如果座椅操纵系统不工作或出现噪声，应检查开关与车身的搭铁情况

B. 如果座椅继电器有吸合声，故障可能出现在电动机上

C. 在检测继电器和电动机之前，还应检测控制开关上的电压，故障也可能出现在控制开关上

D. 如果座椅电动机运转正常，但座椅无法移动，应立即更换座椅电动机

5. 下列选项中，（　　）不是电动座椅常见的故障现象。

A. 操纵系统不工作或出现噪声

B. 座椅电动机运转正常但座椅无法移动

C. 座椅继电器工作正常但电动座椅无法控制

D. 座椅继电器有接合响声但电动机不工作

三、判断题

1. 智能座椅与传统座椅的唯一区别在于，智能座椅可以实时监测驾驶员和乘员的生理指标。（　　）

2. 智能座椅只能监测驾驶员的生理指标。（　　）

3. 当识别到生理指标异常时，智能座椅只能提供按摩来帮助驾驶员、乘员恢复到健康舒适的状态。（　　）

4. 座椅记忆只能存储一个座椅位置。（　　）

5. 座椅加热只能在冬季使用。（　　）

四、简答题

1. 简述电动座椅的定义。

2. 简述电动座椅的工作过程。

3. 简述座椅的电动机数量和调节方向数之间的关系。

4. 简述电动座椅的加热原理。

5. 简述座椅电动机运转但电动座椅不能移动的故障排除流程。

6. 简述座椅继电器有接合响声但电动座椅电动机不工作的故障排除流程。

7. 简述调整智能座椅时需要谨慎的原因。

8. 简述不能在车辆行驶时调整前排座椅的原因。

任务八　智能空调系统检修

一、填空题

1. 智能空调系统由__________、___________、_______________、______________ ________和_____________等组成。

2. 制冷系统主要由________、_________、_________、_________、_____________、___________、_________和_________等部分组成。

3. 按照热源不同，智能空调制热系统可分为________和________两种类型。

二、选择题

1.【多选题】冷凝器的主要作用是（　　）。

A. 将高温高压的制冷剂蒸气冷凝成中温高压的液体

B. 将中温高压的制冷剂蒸气冷凝成低温高压的液体

C. 将低温高压的制冷剂蒸气冷凝成中温高压的液体

D. 冷却高温高压的制冷剂蒸气

2. 储液干燥器的主要作用是（　　）。

A. 存储制冷剂，吸收制冷剂中的水分及过滤制冷剂中的杂质

B. 冷却高温高压的制冷剂蒸气

C. 提高制冷能力

D. 保证散热效果

3. 膨胀阀的作用是（　　）。

A. 控制制冷剂流量　　B. 提高制冷能力

C. 保证散热效果　　D. 冷却高温高压的制冷剂蒸气

4. 在纯电动汽车空调制热系统中，（　　）制热系统利用了动力蓄电池的高压电能来加热。

A. 电暖式　　B. 水暖式　　C. 蒸发式　　D. 循环式

5. PTC 暖风加热器安装在（　　）。

A. 仪表台内部空调管路中　　B. 副驾驶座椅下方

C. 乘员座椅下方　　D. 车尾行李舱内部

6. 水暖式制热系统是通过（　　）循环加热的。

A. 冷却液直接加热后进入暖风管路

B. 水泵驱动加热后的冷却液在暖风管路中

C. 导风管

D. 蒸发器

7. 空气分配系统中的风门的主要作用是（　　）。

A. 控制进气量　　B. 控制空气的冷暖程度

C. 控制导风管的流向　　D. 保证散热效果

8. 未经调节的空气经过（　　）后被调节成冷空气或暖空气。

A. 鼓风机→蒸发器→导风管→出风口

B. 鼓风机→热交换器→导风管→出风口

C. 鼓风机→蒸发器 / 热交换器→新鲜空气 / 室内空气风门→出风口

D. 车尾行李舱

三、判断题

1. 空气净化系统的作用是对车内空气中的尘埃、臭味、烟气等进行过滤。（　　）

2. 压缩机的主要作用是把低温低压的气态制冷剂压缩成高温高压的气态制冷剂。（　　）

3. PTC 暖风加热器的控制器和加热器是分开的，而不是集成的。（　　）

4. 纯电动汽车空调制热系统只采用电暖式和水暖式两种类型。（　　）

5. 冷凝器一般安装在发动机散热器的前面。（　　）

6. 在智能空调系统中，为了保证具有更好的散热效果，提高制冷能力，常在冷凝器前安装风扇。（　　）

7. 空气分配系统的所有组成部分都是固定的，不可调节。（　　）

8. 储液干燥器内部有吸附制冷系统水分的干燥剂，干燥剂可以重复使用。（　　）

四、简答题

1. 简述智能空调电控系统的组成。

2. 简述空调压力的检测方法。

3. 简述智能空调温度控制系统的作用。

4. 简述空调压力的检测目的。

5. 简述电动汽车的暖风系统与燃油汽车的空调系统的区别。

任务九　车内灯光系统检查与部件更换

一、填空题

1. 车内灯光系统由________、___________、__________、___________、_________、_______和________等组成，主要为驾驶员和乘员提供方便。

2. 仪表灯安装在________内，为汽车仪表提供照明。

3. 门灯安装在轿车外张式__________底部，在开启车门时，门灯点亮，灯光颜色为红色。

二、选择题

1. 在车内灯光系统中，(　　) 灯安装在驾驶舱顶部。

A. 顶　　B. 氛围　　C. 门　　D. 踏步

2. 汽车仪表灯的灯光颜色通常为 (　　) 色。

A. 黄　　B. 红　　C. 绿　　D. 白

3. 踏步灯的主要功能是 (　　)。

A. 警示后面的行人

B. 照明车门的踏步处，方便乘员上下车

C. 提高夜间行车的安全性

D. 提升整车的豪华感

4. 阅读灯安装在汽车的 (　　)。

A. 车门上　　B. 车顶

C. 座椅前部或顶部　　　　　　D. 车门内侧

5. 门灯的主要功能是（　　）。

A. 警示后面的行人、车辆注意安全　　　　B. 提高汽车的科技感

C. 提升品牌的辨识度　　　　D. 提升整车的豪华感

三、判断题

1. 行李舱灯是汽车行李舱内的灯具，灯光颜色一般为红色。（　　）

2. 拆卸门灯时，要先将蓄电池负极断开。（　　）

3. 阅读灯聚光时不会产生眩目现象，但其照明范围较小，有的阅读灯还有光轴方向调节机构。（　　）

四、简答题

1. 简述氛围灯的作用及安装位置。

2. 简述车内灯光部件的更换方法。

任务十　智能座舱音响系统检修

一、填空题

1. 汽车音响设备的作用是降低车内乘员和驾驶员的疲劳，____________，____________，消除____________________________的驾车感受，提高驾乘感受。

2. 在汽车上充当音源的设备是____________，除了这类固定安装在车内的音响主机外，还有便携式的外置设备，如______________、_______________或______________等。

3. 全频扬声器的频率范围为______Hz ~ ______kHz。

4. 按照频率分类，汽车扬声器有全频扬声器、______________、中音扬声器和低音

扬声器四种。

5. 低音扬声器的频率范围为______ Hz ~ ________Hz。

6. 扬声器系统的失真包括__________、___________和_____________等。

7. 功率放大器简称功放，俗称________，是音响系统中最基本的设备。

8. 音频功率放大器主要由________________、_________________（也叫推动级）和______________组成。

9. 收音调幅电路由天线、输入回路、____________、____________、____________和__________等组成。

10. 收音调频电路由天线、高放电路、____________、____________、____________和__________等组成。

二、选择题

1. 下列选项中，关于汽车扬声器的描述中错误的是（　　）。

A. 全频扬声器可以重放全频的声音

B. 高音扬声器主要重放中频部分的声音

C. 中音扬声器能重放 200 Hz ~ 6 kHz 的声音

D. 低音扬声器又称重低音或超重低音扬声器

2. 下列选项中，关于汽车扬声器尺寸的说法中正确的是（　　）。

A. 尺寸只有 80 mm（3 in）一种

B. 尺寸只有 100 mm（4 in）一种

C. 尺寸有 80 mm（3 in）、100 mm（4 in）、130 mm（5 in）、150 mm（6 in）、200 mm（8 in）、250 mm（10 in）、300 mm（12 in）等多种

D. 尺寸有 130 mm（5 in）、150 mm（6 in）、200 mm（8 in）等多种

3. 下列选项中，对汽车扬声器分类的描述中错误的是（　　）。

A. 单元扬声器是多数车用扬声器的类型

B. 套装扬声器与同轴扬声器是同一类型

C. 超低频扬声器是专门用于重放超低频声音的扬声器

D. 同轴扬声器是一种特殊的扬声器类型

三、判断题

1. 在汽车上，所有的扬声器都可以充当音源设备。（ ）
2. 汽车扬声器的频率越高，其音量就越大。（ ）
3. 单元扬声器的音质比套装扬声器的音质更好。（ ）
4. 所有的汽车扬声器都是同轴扬声器。（ ）
5. 80 mm（3 in）是扬声器的唯一标准尺寸。（ ）
6. 高音扬声器的重放频率范围为 6 Hz ~ 22 kHz。（ ）
7. 汽车音响设备是汽车的主要设备之一。（ ）
8. 音响主机只能读取和输出音频信号，不能读取视频信号。（ ）

四、简答题

1. 简述音响主机的作用。

2. 简述扬声器的分类。

3. 简述更换音响系统部件的注意事项。

4. 简述扬声器的组成及性能指标。

情境三
智能座舱车载网络装调与检修

任务十一　智能座舱总线系统检查

一、填空题

1. 仪表群集被看作是一个集成显示器（仪表盘、中控车机、抬头显示系统等），它帮助驾驶员通过________________访问关键车辆数据。

2. _____________是指用传输介质互连各种设备的物理布局。

3. 一个“节点”其实就是一个_________。一个“结点”是指一台_________，“_________”是两个节点间的线路，___________是从发出信息的节点到接收信息的节点之间的一串节点和链路的组合。

4. 目前，汽车总线技术以___________为主，____________为辅。

5. ___________________是由宝马、飞利浦、飞思卡尔和博世等公司共同制定的一种新型通信标准，专为车内联网而设计。

6. _____________是面向媒体的系统传输总线，是汽车业合作的成果，还不具备正式的标准。

7. CAN 总线的通信介质是双绞线，双绞线终端为两只________Ω 的电阻，________________是差分总线。

二、选择题

1. 通常所说的“共有 ×× 个（　　）”，其实就是在网络中有 ×× 个要配置 IP 地

址的网络端口。

A. 节点　　B. 结点

C. 链路　　D. 通路

2.（　　）总线只能实现半双工通信，其最高传输速度为 1 Mbps（40 m）。

A. CAN　　B. MOST

C. LIN　　D. FlexRay

3.（　　）又称网间连接器或协议转换器。

A. CAN　　B. 车载以太网

C. 域控制器　　D. 网关（gateway）

4.（　　）帧是发送单元向接收单元传送数据的帧，其在总线上传输用户数据，最高有效载荷是 8 Bytes。

A. 错误　　B. 数据

C. 过载　　D. 远程

5. LIN 报文帧包括帧头与（　　）两部分。

A. 帧尾　　B. 请求

C. 应答　　D. 关键帧

三、判断题

1. 车载以太网很快就能全部取代现有 CAN 网络。（　　）

2. 网络拓扑图中不能出现循环路线，否则将使组成回路的工序永远不能结束。（　　）

3. 过载帧用于接收单元通知发送单元它尚未完成接收准备的帧。（　　）

4. 焊接总线后要用聚氯乙烯带包裹被修理的零件，安装时，要确保这两根总线相互缠绕在一起。如果两根总线未相互缠绕，CAN 总线容易受到噪声干扰。（　　）

5. 如果万用表显示电阻值为 55 ~ 63 Ω，说明 CAN 总线之间的线路连接是正常的。（　　）

四、简答题

1. 简述绘制网络拓扑图的基本规则。

2. 简述车身 CAN 总线网络完整性的检查方法。

任务十二　智能座舱无线网络设置与检修

一、填空题

1. ____________是指车辆上的车载设备通过无线通信技术，对信息网络平台中的所有车辆动态信息进行有效利用，在车辆运行中提供不同的功能服务。

2. 当与路由器的距离相同时，5G 信号相对 2. 4G 信号__________。

3. ________________是面向客车终端、公共交通工具等推出的特种上网设备，Wi-Fi 终端通过无线接入互联网获取信息、娱乐或移动办公的业务模式。

4. 车辆进入设备为遥控钥匙和 NFC（近场通信）设备，____________一般默认为管理员级别，__________一般默认为家人、朋友、快递员或服务人员。

5. 当蓝牙天线检测到蓝牙钥匙或接收到蓝牙钥匙的请求后，会将信号经__________（有些车型是用 LIN 信号）总线发送到______________________进行确认，____________________________确认信号有效后，发送指令给其他控制模块，控制相应功能开启（如解锁）。

二、选择题

1.（　　）的通信是指车辆通过卫星无线通信或移动蜂窝等无线通信技术实现与车联网服务平台的信息传输，接收平台下达的控制指令，实时共享车辆数据。

A. 车与平台间　　B. 车与车间

C. 车与路间　　D. 车内设备之间

2. 无线网络工作在（　　）波段。

A. VHF　　B. UHF　　C. SHF　　D. EHF

3. 在常见的智能钥匙蓝牙信号中，蓝牙模块异常可能会引起（　　）。

A. 左后视镜蓝牙天线异常　　B. 蓝牙控制器故障

C. 右 B 柱蓝牙天线异常　　D. 后排座椅蓝牙天线异常

4. B120200- SPI1 故障码为（　　）故障。

A. 电池　　B. 芯片　　C. 通信　　D. 低压

5. CDC 为（　　）的简称。

A. 蓝牙钥匙　　B. 多媒体系统主机

C. 无线车载网　　D. 蓝牙通信

三、判断题

1. 蓝牙技术在汽车领域中的广泛应用源于其自身的高端技术，经常应用在汽车免提通信、蓝牙后视镜、蓝牙娱乐系统、蓝牙自诊断技术、蓝牙防盗系统和汽车转向盘控制系统等方面。（ ）

2. 在日常生活中，2.4G 信号的 Wi-Fi 干扰非常小。（ ）

3. 5G 信号频率高、波长短，而 2. 4G 信号频率低、波长长，所以 5G 信号穿过障碍物时的衰减更大，穿越障碍物的能力比 2. 4G 信号弱。（ ）

4. 手机蓝牙和车载蓝牙都呈开启状态，且处于可检测状态时，在手机蓝牙界面单击“搜索设备”，可以搜索到车载蓝牙。（ ）

5. 左后视镜蓝牙天线异常的可能故障原因是蓝牙模块异常。（ ）

四、简答题

1. 简述 2. 4G 信号和 5G 信号的优劣势。

2. 简述左后视镜蓝牙天线异常的故障排除方法。

任务十三　车载定位导航系统检修

一、填空题

1. ___________系统是我国自行研制的全球卫星导航系统，也是继 GPS、GLONASS 之后的第三个成熟的卫星导航系统。

2. 北斗卫星导航系统由________、__________和________三部分组成，可在全球范围内全天候、全天时为各类用户提供高精度和高可靠定位、导航、授时服务。

3. 目前，北斗卫星导航系统正式向全球提供卫星无线电导航服务（RNSS），在轨卫星共有______颗。

4. GPS 系统的空间部分由 21 颗__________和 3 颗______________组成 GPS 星座。_____________由主控站、注入站及监测站组成。__________是 GPS 接收机。

5. 为汽车驾驶员指路的卫星导航系统由下述 4 个重要要素构成：卫星信号、___________、___________和___________。

6. 车载定位导航借助嵌入式 GNSS 模块，接收、解调卫星的广播 C/A 码信号。通过运算与每个卫星之间的伪距离，采用距离交会法得出接收机的__________、__________、__________和___________四个参数。

二、选择题

1. 北斗卫星导航系统的民用定位精度为（　　）m。

A. 100　　B. 50

C. 25　　D. 10

2.（　　）为车载导航的基础功能（如算路、定位、语音引导等），还为其他硬件模块的在线服务提供数据存储与云计算能力。

A. 车载 OS　　B. 车机硬件

C. 云服务　　D. 智能座舱

3.（　　）定位导航系统信息使用的是 FDMA 多址方式。

A 北斗卫星导航系统　　B. 美国 GPS

C. 俄罗斯 GLONASS　　D. 欧盟 GALILEO

4. 在各国的定位导航系统中，卫星数目最多的是（　　）。

A. 北斗卫星导航系统　　B. 美国 GPS

C. 俄罗斯 GLONASS　　D. 欧盟 GALILEO

5. 在各国的定位导航系统中，覆盖范围最广的是（　　）。

A. 北斗卫星导航系统　　B. 美国 GPS

C. 俄罗斯 GLONASS　　D. 欧盟 GALILEO

三、判断题

1. 北斗卫星导航系统是我国自行研制的全球卫星导航系统，也是继 GPS、GLONASS 之后的第三个成熟的卫星导航系统。（　　）

2. 相较于手机里常用的百度地图和高德地图等导航软件，车载定位导航在软件功能层面与它们相差无几，但是在硬件（如定位芯片）方面及同主机交互层面上的体验会出色很多。（　　）

3. 车载定位的车机硬件包含 CPU、内存、显示屏、定位芯片、陀螺仪等，其不提供计算、定位等基础能力。（　　）

4. 语音控制包含语音识别及 NLP（基于上下文的自然语言处理），通过提供语音的交互方式来操作车载定位导航。（　　）

四、简答题

1. 简述车载导航不工作的故障诊断思路。

2. 简述车载定位导航天线的更换步骤。

情境四
智能座舱人机交互系统装调与检修

任务十四　驾驶员监控系统装调与测试

一、填空题

1. 驾驶员监控系统主要实现对驾驶员的__________、驾驶员__________、驾驶员__________以及____________等功能。

2. 驾驶员监控系统以车载摄像头拍摄的视频流作为输入，会面临__________多变的挑战。

3. 在汽车发展的高级阶段，车内监控主要通过各种________和________来满足人的深层次需求。

4. 驾驶员监控系统算法面临________________的考验。

5. 数据采集与标注的难度主要和__________________有关。

6. 在车载计算平台上运行诸如人脸检测、关键点检测、人脸识别、视线追踪、手势识别等算法，要求__________________，对算法有很大考验。

7. 驾驶员监控系统通过________________和______________等核心技术，对驾驶员的多种状态进行综合识别。

8. 在驾驶员监控系统中，_____________和____________是提高识别准确率的关键技术。

9. 驾驶员监控系统包括摄像头、芯片板、___________和________________等组成部分。

10. 在 ADAS 中，摄像头的主要功能是作为__________________的输入，全景泊车功能使用 3 个摄像头，包括__________、__________和后视摄像头。

二、选择题

1.【多选题】车载信息娱乐系统人机交互部分主要通过（　　）在仪表、中控屏、扬声器等中与用户进行信息传递。

A. 音频　　B. 图像　　C. 文字　　D. 灯光

2. 驾驶员监控系统主要通过（　　）方式实现对驾驶员的疲劳监测。

A. 声音分析　　B. 视频分析　　C. 心率监测　　D. 脑电波分析

3. 在驾驶员监控系统中，图像质量多变的挑战主要来自（　　）。

A. 天气变化　　B. 汽车行驶工况复杂

C. 摄像头质量不一　　D. 驾驶员情绪波动

4. 使用（　　）摄像头可实现车道偏离预警（LDW）功能。

A. 前视　　B. 侧视　　C. 后视　　D. 内置

5. 数据采集与标注的难度主要来自（　　）。

A. 公开数据集的图像质量高，无须额外采集

B. 车载摄像头成像质量稳定

C. 需要采集真实行车场景下的数据

D. 数据标注工作量较小

6. 驾驶员监控系统主要通过（　　）来监测驾驶员的头部、眼部和面部等细节。

A. 红外摄像头　　B. 普通摄像头　　C. 雷达系统　　D. 触摸屏

7. 使用（　　）摄像头可实现驾驶员监控系统（DMS）功能。

A. 前视　　B. 侧视　　C. 后视　　D. 内置

8. 下列选项中,（　　）是驾驶员监控系统最核心的指标之一。

A. 成本　　B. 响应速度　　C. 识别准确率　　D. 系统稳定性

9. 在驾驶员监控系统动作测试试验步骤中，驾驶员需要做出的动作有（　　）。

A. 正常驾驶、疲劳状态、分神状态、接打电话以及离开驾驶位置

B. 正常驾驶、疲劳状态、分神状态和接打电话

C. 正常驾驶、疲劳状态和分神状态

D. 正常驾驶和疲劳状态

三、判断题

1. 驾驶员监控系统只用于监测驾驶员的疲劳状态。（　　）

2. 在驾驶员监控系统中，对驾驶员的监测完全依赖于视频分析。（　　）

3. 在车内监控系统中，人对车的反馈主要是通过触摸屏、按键等实现的。（　　）

4. 在驾驶员监控系统面临的挑战中，数据采集与标注是最主要的。（　　）

5. 在车载计算平台上，可以轻松运行复杂的计算机视觉算法。（　　）

6. 驾驶员监控系统通过物理按键来满足行车的基础要求。（　　）

7. 在驾驶员监控系统中，打哈欠和闭眼是两种最重要的状态判断依据。（　　）

8. 在驾驶员监控系统中，算法是唯一的核心组成部分。（　　）

9. 在驾驶员监控系统动作测试试验中，驾驶员针对特定功能测试规定操作次数达到 10 次以上后试验结束。（　　）

四、简答题

1. 简述进行驾驶员监控系统试验时需要注意的条件。

2. 简述单目摄像头在车载摄像头中的主要应用和优势。

3. 简述单目摄像头、双目摄像头和三目摄像头的主要区别与特点。

4. 简述驾驶员监控系统的主要功能。

5. 简述驾驶员监控系统的工作过程。

6. 简述驾驶员监控系统在疲劳驾驶监测方面的工作原理。

7. 简述驾驶员监控系统在应对不同环境下的光照条件时应采取的措施。

任务十五　智能语音控制系统检修

一、填空题

1. 语音识别的目的是让计算机能够__________人类的语言，并将语音转化成文本。

2. 语音识别技术是实现__________和______________的基础。

3. 语音识别的本质是基于语音特征的__________，通过学习，系统可以使输入的语音被按照一定的方式__________。

4. 根据与说话人的相关性不同，语音识别系统可以分为_______________、_____________________以及多人识别系统等。

5. 根据发音方式的不同，语音识别系统可以分为________________、连接词识别系统以及______________系统等。

6. 根据对词汇量大小的要求不同，语音识别系统可以分为__________语音识别系统、______________语音识别系统、大词汇量语音识别系统以及____________语音识别系统等。

二、选择题

1. 近年来，(　　) 的飞速发展对语音识别技术的提升起到了关键作用。

A. 人工智能领域的其他技术　　B. 传统语音处理方法

C. 人工智能领域的深度学习技术　　D. 其他机器学习技术

2. 下列选项中，(　　) 是语音识别技术在生活和工作中的应用实例。

A. 语音输入法和智能语音软件

B. 手机解锁

C. 计算机文件加密

D. 通过人脸识别系统验证身份

3. 下列选项中，关于语音识别系统的组成和原理的描述中错误的是（　　）。

A. 语音识别的本质是基于语音特征的模式识别

B. 原始语音信号包含的数据量较小，便于分类

C. 系统通过学习可以将输入的语音按照一定的方式分类

D. 语音识别系统需要处理大量随机因素，因此，其实用化进程较困难

4. 语音识别系统的核心思想是利用（　　）。

A. 模式匹配　　B. 机器学习

C. 自然语言处理　　D. 人工智能

5.（　　）是语音识别系统预处理的目的。

A. 提高语音质量　　B. 压缩语音信号

C. 减少系统的运算量和存储量　　D. 提高系统的错误率

6.（　　）是语音识别系统语音特征提取的目的。

A. 分析语音波形　　B. 提取语音时序特征序列

C. 提高语音质量　　D. 压缩语音信号

三、判断题

1. 语音识别技术并不是人工智能领域的关键技术之一。（　　）

2. 语音识别技术主要用于实现人机交互，而非机器翻译或自然语言理解。（　　）

3. 原始语音信号的数据量较小，便于进行模式识别和分类。（　　）

4. 所有的语音识别系统都是利用模式匹配进行识别的。（　　）

5. 在预处理过程中，滤波采样的目的是去除环境噪声。（　　）

6. 语音特征提取是一个复杂的处理过程。（　　）

四、简答题

1. 简述语音识别系统的基本组成。

2. 简述深度学习技术对语音识别系统的影响。

3. 简述语音识别系统的核心。

4. 简述声学模型与模式匹配在语音识别中的重要性。

5. 简述语言模型与语言处理在语音识别中的作用。

6. 简述语音识别的基本原理。

任务十六　手势识别控制系统检查与调试

一、填空题

1. 在目前的车载多媒体系统中，加入手势识别技术能够提升驾驶的________和用户的__________。

2. 动态手势的多样性使其具备了更多的功能含义，并且使手势识别技术的应用范围更加__________。

3. 手势识别系统通过____来分析出手势的变化。

4. 手势识别得到的数据会传递给__________________，由其调出与识别出的手势相对应的功能。

二、选择题

1. 在手势识别中，静态手势主要关注手势的（　　）方面的特征。

A. 运动轨迹　　B. 形状和轮廓

C. 尺寸和大小　　D. 色彩和亮度

2. 下列选项中，（　　）是动态手势的特点。

A. 与时间轨迹无关

B. 主要处理连续手势动作

C. 只需考虑单独一帧的手势图像

D. 手势运动无跟踪需求

3. 在未来的发展中，（　　）的车载多媒体系统是主要发展趋势。

A. 传统按键控制　　B. 语音识别控制

C. 多种交互方式融合　　D. 手势识别控制

4. 手势识别系统是通过（　　）设备来进行手势识别的。

A. 语音识别器　　B. 3D 摄像头

C. 触摸屏　　D. 手势跟踪器

5. 手势识别系统通过（　　）来实现与车载系统的交互。

A. 无线信号传输数据　　B. 数据线连接

C. 语音命令控制　　D. 光线发射设备与接收设备

6. 在汽车手势控制中，（　　）是最关键的。

A. 减少认知和视觉沟通成本

B. 实现高效的人机交互

C. 提升驾驶安全性

D. 增加操作乐趣

三、判断题

1. 在手势识别中，静态手势是通过分析手的运动轨迹来识别其具体含义的。（　　）

2. 动态手势不需要考虑手势运动的跟踪问题。（　　）

3. 在未来的发展中，只有手势识别技术会被广泛应用在车载多媒体系统中。（　　）

4. 手势识别系统依赖第三方设备才能实现操作。（　　）

5. 手势识别系统主要由手势图像采集、手势分割、手势跟踪和特征提取等构成。（　　）

6. 在汽车手势控制中，不需要考虑手势识别的准确性。（　　）

四、简答题

1. 简述静态手势和动态手势的定义及两者之间的区别。

2. 简述未来车载多媒体系统的发展趋势。

3. 简述手势识别技术在车载多媒体系统中的作用。

4. 简述三维手势识别与二维手势识别的根本区别。

5. 简述在汽车中应用手势控制的方法。

6. 列举两个在汽车中应用手势控制的具体场景，并简述其应用原理。

综合试卷（一）

一、填空题（每空 1 分，共 50 分）

1. 智能汽车交互方式的革新，带来的是全新的用户体验场景，从原先的传统座舱体验延展到智能座舱体验，包括__________、______________、____________________、__________及__________等。

2. 汽车前风窗玻璃是________，在驾驶员眼前投射一个实时的图像，图像本身来自下方的__________，从成像屏幕正面看，成像屏幕上的图像通过第一个镜子（反射镜）反射到第二个更大的镜子（__________）上，再射向前风窗玻璃，由此形成视域较大的增强投影面。

3. 在中控仪表的常见故障中，画面无显示故障的可能原因有：________________、__________和________________。

4. 因为流媒体后视镜的图像完全是通过____________拍摄的，所以图像中不会出现车内后排以及头枕等无关的物体，呈现的完全是后方的实时路况，视角更为广泛。

5. 全景环视影像系统是一种汽车摄像系统，可提供__________，如________、________和__________，可在手动或自动停车时为驾驶员提供协助。

6. 语音交互功能主要包括__________和__________。

7. 汽车内部空间区域主要分为____________和________________。

8. 不论车辆外部天气状况如何，智能空调系统的设计都可以给驾驶舱提供舒适的环境，其主要包括___________、_____________、________________、____________________及______________。

9. 车内灯光系统由________、____________、__________、____________、__________、________和氛围灯等组成，主要为驾驶员和乘员提供方便。

10. 音响设备扬声器一般由防尘盖、____________、____________、______________、__________、华斯、磁体、T 铁等组成。

11. CAN 总线的通信介质是双绞线，双绞线终端为两只________Ω 的电阻，

________是差分总线。

12. 当蓝牙天线检测到蓝牙钥匙或接收到蓝牙钥匙的请求后，会将信号经________（有些车型是用 LIN 信号）总线发送到____________进行确认，BGW（车身网关模块）确认信号有效后，发送指令给其他控制模块，控制相应功能开启（如解锁）。

13. 车载定位导航借助嵌入式 GNSS 模块，接收、解调卫星的广播 C/A 码信号。通过运算与每个卫星之间的伪距离，采用距离交会法得出接收机的________、________、________和________四个参数。

14. 驾驶员监控系统以车载摄像头拍摄的________作为输入，会面临________多变的挑战。

15. 语音识别技术是实现________和________的基础。

16. 语音识别系统的目的是让计算机能够________人类的语言，并将语音转化成________。

17. 手势识别系统通过中控台上方的________发出光线，根据光线发射设备与接收设备之间的时间差来分析出手势的变化。

二、选择题（每题 1 分，共 15 分）

1. 智能座舱的设计更多应通过全方位挖掘并分析用户在不同使用场景下的真实需求，找到交互方式、功能体验上的创新技术及方法，在最大程度上提升用户在真实场景中的体验感，为用户提供“(　　)”的完整价值体验。

A. 人 – 车 – 手机　　B. 人 – 车 – 互联网

C. 人 – 手机 – 生态系统　　D. 人 – 车 – 生态系统

2.（　　）需要通过智能驾驶的传感器（摄像头、雷达等）对前方的路况进行解析建模，以得到对象的位置、距离、大小等要素，再把抬头显示系统显示的信息精准地投影到对应的位置。

A. C–HUD　　B. W–HUD

C. AR–HUD　　D. D–HUD

3. 若中控仪表的故障原因为软件初始化异常，则其检测方法是（　　）。

A. 确认电压是否正常

B. 在主机关机后重新启动

C. 耐心等待，等到机内温度回升后会自动恢复正常

D. 重新连接或更换线束

4.（　　）指示灯点亮表示车辆稳定性辅助系统关闭。

A. ESP OFF　　B. HDC　　C. AVH　　D. TMPS

5. 影像记录系统既要录制关键视频，又要保证关键视频能被保存而不被循环覆盖，为解决该问题影像记录系统应用了（　　）系统。

A. 备份　　B. 隔离　　C. 循环录制　　D. 重力感应

6. 当座椅系统的操纵系统不工作或发出噪声时，应先检查（　　）。

A. 开关与车身搭铁情况　　B. 电动机

C. 继电器　　D. 座椅变速器

7. 在车内灯光系统中，（　　）灯安装在驾驶舱顶部。

A. 顶　　B. 氛围　　C. 门　　D. 踏步

8.（　　）又称网间连接器或协议转换器。

A. CAN　　B. 车载以太网　　C. 域控制器　　D. 网关（gateway）

9. 在常见的智能钥匙蓝牙信号中，蓝牙模块异常可能会引起（　　）。

A. 左后视镜蓝牙天线异常　　B. 蓝牙控制器故障

C. 右 B 柱蓝牙天线异常　　D. 后排座椅蓝牙天线异常

10. 在各国的定位导航系统中，卫星数目最多的是（　　）。

A. 北斗卫星导航系统　　B. 美国 GPS

C. 俄罗斯 GLONASS　　D. 欧盟 GALILEO

11. 驾驶员监控系统主要实现的功能有（　　）。

A. 导航和通信

B. 驾驶员身份识别、驾驶员疲劳监测、驾驶员注意力监测以及驾驶行为监测

C. 车辆维修和保养

D. 音乐和娱乐

12.（　　）技术开启了智能时代人机交互系统应用的大门，是实现机器翻译、自然语言理解的基础。

A. 语音识别　　B. 图像识别

C. 动态手势识别　　D. 环境感知

13. 在手势识别中，静态手势主要关注手势的（　　）方面的特征。

A. 运动轨迹　　B. 形状和轮廓　　C. 尺寸和大小　　D. 色彩和亮度

14.【多选题】目前，主流的车载系统有（　　）系统等。

A. WinCE 操作　　B. QNX

C. Linux　　D. Android

E. 华为鸿蒙　　F. 阿里

15.【多选题】冷凝器的主要功能是（　　）。

A. 将高温高压的制冷剂蒸气冷凝成中温高压的液体

B. 将中温高压的制冷剂蒸气冷凝成低温高压的液体

C. 将低温高压的制冷剂蒸气冷凝成中温高压的液体

D. 冷却高温高压的制冷剂蒸气

三、判断题（每题 1 分，共 15 分）

1. 人脸识别、自动语音识别、数据服务、场景网关、账号鉴权等属于智能座舱技术架构中的软件层服务。（　　）

2. AR-HUD 和 C-HUD 一样使用前风窗玻璃作为成像介质来反射成像。（　　）

3. 拆卸智能车载主机，测量智能车载主机线束连接器供电端子的电压时，电压标准值应为 11.5 ~ 13.5 V。（　　）

4. 标定板需固定在便于移动的支架上。支架应能长期使用，不易变形，并且耐腐蚀；标定板的完整图案（黑白格子部分）不会被遮盖；标定板平面垂直于地面；标定板相对于支架位置不变；标定板不发生晃动。（　　）

5. 音响主机只能读取和输出音频信号，不能读取视频信号。（　　）

6. 智能座椅与传统座椅的唯一区别在于，智能座椅可以实时监测驾驶员和乘员的生理指标。（　　）

7. 智能空调系统可以在任何天气状况下为驾驶舱提供舒适的环境。（　　）

8. 行李舱灯是汽车行李舱内的灯具，灯光颜色一般为红色。（　　）

9. 扬声器的功率大小是选择扬声器的重要指标之一，是扬声器能长时间连续工作而不产生异常声响的输入功率。（　　）

10. 网络拓扑图中不能出现循环路线，否则将使组成回路的工序永远不能结束。（　　）

11. 5G 信号频率高、波长短，而 2. 4G 信号频率低、波长长，所以 5G 信号穿过障碍物时的衰减更大，穿越障碍物的能力比 2. 4G 信号弱。（　　）

12. 辅助驾驶状态指示灯蓝色点亮表示辅助驾驶系统处于准备状态。（　　）

13. 驾驶员监控系统只用于监测驾驶员的疲劳状态。（　　）

14. 语音识别技术并不是人工智能领域的关键技术之一。（　　）

15. 在手势识别中，静态手势是通过分析手的运动轨迹来识别具体含义的。（　　）

四、简答题（每题 4 分，共 20 分）

1. 简述后视摄像头的标定条件。

2. 简述后视摄像头标定的作业流程。

3. 简述更换音响系统部件的注意事项。

4. 简述车身 CAN 总线网络完整性的检查方法。

5. 简述进行驾驶员监控系统试验时需注意的条件。

综合试卷（二）

一、填空题（每空 1 分，共 50 分）

1. 智能座舱的技术发展趋势主要体现在__________、__________和__________等新兴技术应用方面。

2. 数字组合仪表的电路主要包括________、________和________以及________。

3. 中控仪表的技术发展历程包括__________、__________和__________三个阶段。

4. 汽车的流媒体后视镜与__________一起，为驾驶员提供________，共同完成智能辅助驾驶任务。

5. ADAS 等辅助驾驶功能有________和________等。

6. 车载语音能有效避免驾驶员__________和________，所以多功能性和场景化的设计是车载语音的未来发展方向。

7. 智能座椅同时支持包括________、________、________、________和________等功能。

8. 制冷系统主要由________、________、________、________、________、________、鼓风机和控制装置等部分组成。

9. 在汽车上充当音源的设备是________，除了这类固定安装在车内的音响主机外，还有便携式的外置设备如__________、智能手机或平板电脑等。

10. 目前，汽车总线技术以__________为主，__________为辅。

11. 车辆进入设备为遥控钥匙和 NFC（近场通信）设备，__________一般默认为管理员级别，________一般默认为家人、朋友、快递员或服务人员。

12. 为汽车驾驶员指路的卫星导航系统由下述 4 个重要要素构成：卫星信号、________、________和________。

13. 驾驶员监控系统算法面临__________的考验。

14. 语音识别系统的本质是基于语音特征的________，通过学习，系统可以使输入的语音被按照一定的方式进行__________。

15. 收音调幅电路由天线、输入回路、混频电路、本振电路、____________和___________等组成。

16. 根据发音方式的不同，语音识别系统可以分为________________、__________________以及__________________等。

17. 根据操作时手的运动状态不同，手势交互方式可分为静态和动态两种，其中静态手势主要关注的是手的__________和__________的识别，而动态手势更注重手势的__________过程。

18. 手势识别得到的数据会传递给______________________，由其调出与识别出的手势相对应的功能。

19. 在目前的车载多媒体系统中，加入手势识别技术能够提升驾驶________和用户的__________。

二、选择题（每题 1 分，共 15 分）

1. 完善的多模态人机交互体系可以在语音交互的同时配合（　　）进行视觉追踪，方便快速地捕捉到驾驶员的目标，从而提升交互的准确性和便捷性。

A. 麦克风　　B. 眼动仪　　C. 摄像机　　D. 全向收音器

2.（　　）具有基于曲面反射镜、全息光学元件（HOE）和全息光波导（waveguide）放大成像等不同技术路线。

A. C–HUD　　B. W–HUD　　C. AR–HUD　　D. D–HUD

3. PTC 暖风加热器安装在（　　）。

A. 仪表台内部空调管路中　　B. 副驾驶座椅下方

C. 乘员座椅下方　　D. 车尾行李舱内部

4. 智能空调水暖式制热系统是通过（　　）循环加热的。

A. 冷却液直接加热后进入暖风管路

B. 水泵驱动加热后的冷却液在暖风管路中

C. 导风管

D. 蒸发器

5. 下列选项中，关于汽车扬声器的描述中错误的是（　　）。

A. 全频扬声器可以重放全频的声音

B. 高音扬声器主要重放中频部分的声音

C. 中音扬声器能重放 200 Hz ~ 6 kHz 的声音

D. 低音扬声器又称重低音或超重低音扬声器

6.（　　）操作系统的应用越来越匮乏，逐渐退出了车载系统的舞台。

A. QNX　　B. WinCE　　C. Linux　　D. Android

7. 如果座椅继电器有接合响声但电动机不工作，应检查（　　）。

A. 电动机与继电器之间的线路　　B. 电动机搭铁情况

C. 电控单元是否有故障　　D. 座椅变速器

8. 储液干燥器的主要作用是（　　）。

A. 存储制冷剂，吸收制冷剂中的水分及过滤制冷剂中的杂质

B. 冷却高温高压的制冷剂蒸气

C. 提高制冷能力

D. 保证散热效果

9. 汽车仪表灯的灯光颜色通常为（　　）色。

A. 黄　　B. 红　　C. 绿　　D. 白

10. 下列选项中，对汽车扬声器分类的描述中错误的是（　　）。

A. 单元扬声器是多数车用扬声器的类型

B. 套装扬声器与同轴扬声器是同一类型

C. 超低频扬声器是专门用于重放超低频声音的扬声器

D. 同轴扬声器是一种特殊的扬声器类型

11.（　　）总线只能实现半双工通信，最高传输速度为 1 Mbps（40 m）。

A. CAN　　B. MOST　　C. LIN　　D. Flexray

12. 无线网络工作在（　　）波段。

A. VHF　　B. UHF　　C. SHF　　D. EHF

13.（　　）为车载导航的基础功能（如算路、定位、语音引导等），也为其他硬件模块的在线服务提供数据存储与云计算能力。

A. 车载 OS　　B. 车机硬件　　C. 云服务　　D. 智能座舱

14. 下列选项中，（　　）是语音识别技术在生活和工作中的应用实例。

A. 语音输入法和智能语音软件　　B. 手机解锁

C. 计算机文件加密　　D. 通过人脸识别系统验证身份

15. 下列选项中，（　　）为动态手势的特点。

A. 与时间轨迹无关　　B. 主要处理连续手势动作

C. 只需考虑单独一帧的手势图像　　D. 手势运动无跟踪需求

三、判断题（每题 1 分，共 15 分）

1. 智能座舱技术架构的底层为硬件层，包含摄像头、麦克风阵列、内嵌式存储器（磁盘）EMMC、内存 DDR 等。（　　）

2. 定速巡航指示灯黄色点亮表示自适应巡航有故障。（　　）

3. 测量智能车载主机线束连接器接地端子与接地点之间的电阻时，电阻标准值应小于 1 Ω。（　　）

4. 后视摄像头的标定场地推荐选在室外，标定场地中应无其他障碍物。（　　）

5. 所有的汽车扬声器都是同轴扬声器。（　　）

6. 收音机的调频电路由天线、高放电路、混频电路、本振电路、中放电路和鉴频电路等组成。（　　）

7. 当识别到生理指标异常时，智能座椅只能提供按摩来帮助驾驶员、乘员恢复到健康舒适的状态。（　　）

8. PTC 暖风加热器的控制器和加热器是分开的，而不是集成的。（　　）

9. 氛围灯也叫环境照明，既可带来家的温馨、舒适感，又可带来科技、奢华的美感。（　　）

10. 汽车扬声器的频率越高，其音量就越大。（　　）

11. 过载帧用于接收单元通知发送单元它尚未完成接收准备的帧。 (　　)

12. 在日常生活中，2.4 GHz 信号的 Wi-Fi 干扰非常小。 (　　)

13. 北斗卫星导航系统由空间段、地面段和用户段三部分组成，可在全球范围内全天候、全天时为各类用户提供高精度和高可靠定位、导航、授时服务，但其不具备短报文通信能力。 (　　)

14. 在驾驶员监控系统中，对驾驶员的监测完全依赖于视频分析。 (　　)

15. 语音识别技术主要用于实现人机交互，而非机器翻译或自然语言理解。(　　)

四、简答题（每题 4 分，共 20 分）

1. 简述下图所示典型数字仪表界面中各指示灯的名称和含义。

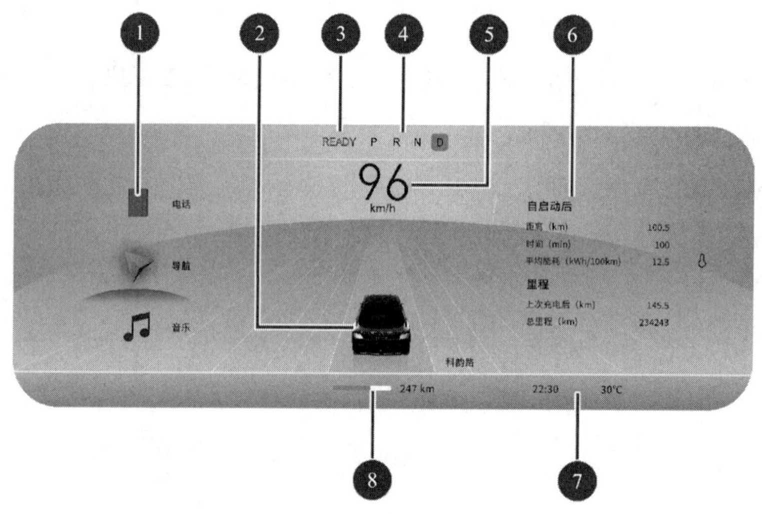

典型数字仪表界面

2. 简述车辆行驶时不能调整前排座椅的原因。

3. 简述单目摄像头在车载摄像头中的主要应用和优势。

4. 简述车载导航不工作的故障诊断思路。

5. 简述手势识别技术在车载多媒体系统中的作用。